JN438577

오늘의문학시인선
448

참살이

한정찬 제22시집

참살이

담결한 서정시, 능란한 겨레시

— 한정찬 시집 『참살이』를 감상하며

문학평론가 리 헌 석
(사) 문학사랑협의회 이사장

1.

한정찬 시인은 충청도라는 동일 지역에 살고 있으면서도 아련히 동경하는 분입니다. 그는 『신지성시』와 『월간문학』 을 통하여 등단한 분이고, 『한 줄기 바람』 외 20여 권의 시집을 발간한 분입니다. 지역 문학행사에서 마주치면 반갑게 인사 나누는 관계, 그러나 속정을 나눌 기회가 없어서 못내 서운한 분입니다. 그러나 작품 감상만으로도 지음(知音)과 같은 공감대를 형성한 분입니다.

1995년에 시인의 작품 10여 편을 정독(精讀)할 기회를 맞았습니다. 작품 「꿈 하나」에서 그는 〈지순한 하늘에 곰삭은 별빛처럼/ 수없이 다가와 소멸하는/ 청명한 언어의 호수에/ 부표처럼 둥둥 떠 있는〉 그의 꿈을 만나, 나도 모르는 떨림을 공유하였습니다. 그때에서야 비로소 이 분은 시를 쓸 수밖에 없는 '운명적인 시인'이로구나 인식하게 되었고, '청명한 언어의 호수'에서 수많은 물비늘처럼 아름다운 서정시를 빚으리라 마음 깊이 새겼습니다.

또한 '봄'을 주제로 한 작품에서 놀라울 만큼 떨리는 가슴을 체험하였습니다. 〈마당가 홀로 핀 수선화 꽃잎에/ 뻐꾹새 울음소리/

소복 쌓여도/ 비에 젖은 바람/ 바람에 실려 가는 구름/ 구름이 쏟아내는 비의 장난질을/ 참 얄궂다 말을 해도/ 너는 정말 모른다.〉라는 시행(詩行)을 읽으며, '어떻게 내 무딘 감성을 알아챘을까?' 그가 알 리 없지만, 스스로 부끄러웠습니다. 뻐꾹새 울음소리가 수선화 꽃잎에 소복이 쌓인다는 그의 감수성에 감탄의 박수를 보낼 뿐이었습니다.

다시 20년이 무람하게 흐른 2015년, 그의 작품을 정독할 기회가 다시 왔습니다. 그 동안 한정찬 시인은 소방관으로서 본연의 업무에 충실하여 중책을 맡고 있었으며, 시 창작에도 열중하여 , 천안문인협회 회장을 역임하며 지역문학 진흥에 힘쓰고 있었습니다. 특히 17권의 시집과 시전집 2권을 발간하여 한국문단에 무게 있는 시인으로 자리하고 있었습니다. 그때 그의 18시집 『반중 조홍감이』의 작품을 숙독(熟讀)하게 되었습니다.

노계 박인로 선생의 「조홍시가(早紅柹歌」 첫 구절에서 제목을 차용(借用)한 이 시집은 1부 '사모곡(思母曲)' 2부 '사부곡(思父曲)'으로 구성되어, 어버이에 대한 사랑과 그리움을 자연스럽게 공유하였습니다. 물감이 천에 스미듯이 자연스럽게 스미는 그리움임에도 불구하고, 그의 농밀(濃密)한 정서를 확인하였습니다. 특히 자유 서정시와 우리 겨레의 대표적 문학 장르인 시조를 통한 표현이 정갈했습니다.

시인의 어머니께서 평소에 하시던 말씀, "바람은 햇빛이 없어도 분다." "어디 흔들리지 않으며 피는 꽃이 있나?" 등은 잠언(箴言)의 깊이가 있습니다. 그의 삶에 지침과 격려로 기능하였을 터입니다. 시인의 아버지께서도 〈고뇌와 번민이 교차하는/ 삶의 터전에서/ 나쁜 인연도/ 좋은 인연으로/ 내 하기 나름〉이라고 '살아 있는 교과서'가 되어 시인의 지향(志向) 정립에 작용하였을 터입니다. 이러한 감동이 채 스러지지 않은 바탕에서, 그의 새 시집 『참살이』의 작품 전 편을 감상하고, 몇 편을 예로 들어 시인의 정서를 공유하기로 합니다.

2.

시집 『참살이』는 최근 한정찬 시인이 생활 속의 여러 소재를 노래하기도 하고, 자연을 완상하면서 삶의 이치를 궁구(窮究)하는 시심이 담겨 있습니다. 자신이 봉직하였던 '소방(消防)'에 대한 소견을 10여 편에서 형상화하고 있으며, 기독교 신앙에 대한 정서도 몇몇 작품으로 빚어내고, 부모와 가족에 대한 작품도 감동을 생성(生成)하고 있습니다. 시집을 읽고 난 뒤, 다양한 작품을 제재에 따라 분류하여 해석하기보다, 한정찬 시인의 미적 표현 중심으로 접근하고자 합니다. '무엇을 노래하였는가'도 중요한 요소지만, '어떻게 노래하였는가'가 시적 본질에 더 가깝다는 지론에 바탕한 선택입니다.

섬 바위의
바람은 늘 십중팔구
내 늑골로 불어 왔다.
바람을 잠시 잊는 날은
아주 슬프거나 기쁜 날에
내 울음 혹은 웃음이
생활의 커트라인을
선뜻 넘지 못하고
해안선처럼 깔깔거리며
거대한 폴리스라인을 친다.

섬 바위는 감옥이 되었다.
아침저녁노을은
그 한계를 넘지 못하고.

—「섬바위」 전문

지명이나 바위 이름이 '섬바위'인 경우는 여러 지역에서 만날 수 있습니다. 외따로 바위 한 개가 놓여 있거나, 큰 바위가 우뚝 서 있는 경우에 대부분 '섬바위' 혹은 '선바위' 등으로 불립니다. 이런 보편성을 바탕으로 '섬바위'의 이미지는 외로움과 그리움으로 채색되게 마련입니다. 그 '섬바위'에서 부는 바람이 십중팔구 '내 늑골'로 불어왔다는 표현은 참으로 신선합니다. 늑골은 갈비뼈를 말하는데, 이는 심장과 여러 장기(臟器)를 보호하는 역할을 합니다. 따라서 여러 장기의 대유(代喩)로 기능하는 '내 늑골'로 바람이 불어왔다는 것은 고독의 정서가 발현되었다는 것에 다름 아닙니다.

이로 인해 생성된 정서의 구체적 매체인 '울음' '웃음'이 '생활의 커트라인'을 넘지 못한다는 표현 역시 한정찬 시인만의 개성적인 시각입니다. 이렇게 유발된 정서는 해안선처럼 〈거대한 폴리스라인〉을 그었다는 표현 역시 놀랍습니다. 그리하여 그 정서적 충격이 폴리스라인처럼 둘러쳐 있으므로, 시인의 보조관념으로 기능하는 '섬바위'는 감옥 속에 갇힌 시적 자아일 터입니다. 아침의 까치놀이나 저녁노을 역시 그 폴리스라인을 벗어날 수 없는 한계에 이르렀다는 깨달음은 바로 시인의 직관적 성찰(省察)로 보입니다.

꽃보다 더 고운 신록 위로
꿩 한 마리 날았다.

내 마음의 창은
바람맞이를 하다가

비 오는 날 수채화로 걸려 있다.

내 마음의 풍경은
일곱 빛 무지개를 그리다
비 그친 날 하프 소리를 듣고 있다.

꽃보다 더 예쁜 신록 위로
꿩 한 마리 날았다.

—「꽃보다」 전문

20여 년 전인 1995년에 읽은 〈마음도 가만히 있지 못하는/ 마음일 때/ 꿩소리가 낮은 산처럼 날았다.〉는 시 구절을 기억하게 하는 작품입니다. '고운'과 '예쁜'의 관형어만 다를 뿐, 1연과 4연은 수미상관(首尾相關)에 의한 동일 반복으로 구성되어, 시 표현의 강조법 예문으로 적합합니다. 서정적 자아의 보조관념으로 보이는 '꿩'은 1995년의 작품이나 2019년의 작품이나 동일한 정서를 생성합니다.

시인의 정서를 포괄하는 꿩은 아름다운 꽃보다 싱그러운 신록을 더 선호하는가 봅니다. 그래서 꽃보다 더 곱고 예쁜 신록의 숲 위로 날아갑니다. 첫 연과 끝 연의 표현도 담결한 정서를 환기하지만, 2연에서 〈내 마음의 창은/ 바람맞이를 하다가/ 비 오는 날 수채화로 걸려 있다.〉의 시각적 이미지는 아름다움의 정수(精髓)일 터입니다. 다시 3연에서 〈내 마음의 풍경은/ 일곱 빛 무지개를 그리다/ 비 그친 날 하프 소리를 듣고 있다.〉의 '시각적 이미지'와 '청각적 이미지'의 결합은 감동적인 '공감각적 이미지'를 생성(生成)합니다. 이와 같은 작품 창작은 독자들의 내면과 만나 촉촉한 감성으로 수용되게 마련입니다.

바람이 불어오면 모두 다 받아주는
울타리 가장자리 뚜우 핀 그대들이
유난히 사랑스러워 내 발길을 멈춘다.

신선한 송이마다 얼비친 사유의 뜰
햇빛은 외출하고 빗소리 감아 돌면
갑자기 울컥한 마음 나 그대를 그린다.

심술을 부린 시간 울타리 가르치면
떨리며 피는 저 꽃 자유를 갈망하고
추억은 지근거리에 내 눈시울 붉힌다.

—「나팔꽃밭에서」 일부

한정찬 시인은 최근 정격 시조 형식에 집중하고 있습니다. 시조의 율격을 지키는 것이 우리 고유한 겨레시, 즉 시조 발전에 필요하다는 시조단체의 제안에 동의하는 것 같습니다. 시조를 창작할 때부터 시조의 정형성을 지키려는 의식의 소산이기도 합니다. '정격 시조'를 주장하는 측에서는 〈3-4-3-4/ 3-4-3-4/ 3-5-4-3〉의 시조 음수율을 절대적 가치로 옹호합니다.

그러나 시조의 율격은 수많은 고시조의 양식과 특성을 귀납적으로 정리한 음수율이매, 이 정형률에 그대로 부합하지 않는 대가(大家)들의 작품이 비일비재(非一非再)합니다. 그리하여 궁여지책으로 종장의 첫 3음절과 둘째 5음절이 부합하면 시조로 인정한다는 지경에 이르렀고, 시조의 정체성을 살리려는 사람들이 뜻을 반영하여 정격시조를 주창(主唱)하고 있습니다.

어떻든 한정찬 시인은 '정격시조'에 자신의 희로애락을 담아냅니다. 특히 〈울타리 가장자리 뚜우 핀 그대들이〉 〈신선한 송이마다 얼비친 사유의 뜰〉 〈햇빛은 외출하고 빗소리 감아 돌면〉 〈떨리며 피는 저 꽃 자유를 갈망하고〉〈추억은 지근거리에 내 눈시울 붉힌다.〉에서처럼 적정(適正)한 음성상징을 통한 묘사의 정밀성(精密性), 감각어와 관념어를 통한 고도의 은유, 서로 다른 소재의 대조적 심상, 감각적 이미지를 통한 삶의 지향 등을 '나팔꽃'에 담아 노래고 있는데, 이는 한정찬 시인만의 미학적 성취로 보입니다.

태초의 울음 싣고 떠나 온 물살소리
여울진 소용돌이 부딪힌 화음으로
고뇌가 모이고 쌓여 내 마음의 손풍금

억새와 갈대들이 어울려 사는 땅 끝
이별의 조각들이 겹치는 물결무늬
파도가 부서져 모인 내 눈길 끝 삼각주.

—「하구」 일부

하구는 강과 바다가 만나는 지경을 이릅니다. 억새와 갈대가 모여 군락을 이루게 마련입니다. 또한 하구에는 자잘한 물소리와 함께 바람에 흔들리는 큰 물결까지 몰려오기도 하고, 그 물결들이 모였다 부서지며 노래를 짓기도 합니다. 시인은 어느 하구에서 마주한 감성에 시조의 품격을 결합하여 아름답고 예술적인 작품을 빚습니다. 두 수(首), 6개의 장(章)마다 이렇게 멋진 표현을 구현할 수 있는 시인을 만날 수 있다는 것만으로도 감격스러운 일입니다. 이와 같은 작품들이 우리의 시조를 예술작품으로 격상하는데 공헌할 터이기 때문입니다.

한정찬 시인은 단시조를 빚기도 하지만, 연시조(聯詩調)를 옹호하고 선호하는 것 같습니다. 단시조와 2연시조 작품도 산견(散見)되지만, 주로 3연시조와 4연시조를 빚습니다. 때로는 9연시조를 빚을 만큼, 표현의 멋을 갖추고 폭을 넓히며, 긴 호흡으로 작품을 빚는 능력이 뛰어납니다.

특히 그는 3~4연시조를 각각 독립시켜 여러 '묶음'으로 하나의 '마당'을 이루는 작품도 선보입니다. 이런 작품을 창작하는 한정찬 시인의 시조 작품에 높은 가치를 부여할 수 있습니다. 이와 같이 수준 높은 시조를 창작하면, 시조 작품을 일컬어 〈음수율을 맞추느라 1차원적으로 단순하게 노래한다는 일부의 비판〉을 불식시킬 수 있습니다.

3.

한정찬 시인은 여러 문학단체의 회원 및 임원으로 활동해 왔는데, 현재는 월간 『소방문학』의 대표로 봉사하고 있습니다. 국민의 생명을 지키는 소방활동과 독자의 아름다운 정서를 환기하는 문학활동의 접점을 찾아내는 일에 몰두하고 있습니다. 그는 소방관으로서 평생 지켜온 봉사정신이 충만합니다. 그리하여 독자들에게 소방과 관련한 여러 일과 가치를 공유하고자 합니다.

> 가슴이 답답할 때 마음의 한곳쯤은
> 여유로 쉼표 찍고 유도등 달아봐요.
> 혹여나 아실런지요? 위급상황 탈출구
>
> 머리가 복잡할 때 머릿속 한곳쯤에
> 잠간만 눈을 감고 유도등 달아봐요.
> 어쩌나 알 수 없지요, 위급상황 대피소
>
> 손발이 저려올 때 손 발등 한곳쯤은
> 거닐다 쉬엄쉬엄 유도등 바라봐요.

아마도 맞을 거예요, 위급상황 안전선.

—「소방 유도등」 전문

소방유도등(消防誘導燈)은 비상구의 위치를 알려주는 전등입니다. 건물, 항공기, 선박 등의 공공시설에 설치된 장치로 청록색과 백색의 대비를 이루며, 화살표와 사람이 걷는 모습 등으로 입출구(入出口)와 비상계단 등을 알립니다. 생활 속에서 이를 숙지하면 미연의 사고에 대비할 수 있습니다. 이러한 시심을 시조 작품에 담아내어, 독자들로 하여금 소방에 대한 경각심을 일깨우고자 합니다.

가슴이 답답할 때는 마음의 여유로움을 찾아 '위급상황 탈출구'를 찾아보라고 권합니다. 머리가 복잡할 때에도 잠깐 쉬면서 '위급상황 대피소'를 알아 두라고 환기합니다. 손발이 저려올 때에도 거닐다가 잠시 쉬면서 '위급상황 안전선'을 찾아보라고 권유합니다. 한정찬 시인은 이 외에도 「소방경종」 「소방펌프」 「소화기」 등 10여 편의 작품을 통하여 소방관으로서의 지향과 자세를 작품에 담아냅니다.

그는 앞으로 〈애절한 시간 분절음 맞이하는 눈망울〉을 극복하고, 〈희망을 간직해온 슬픔〉을 조각하여 〈허공에 빛나는 큰 별〉처럼, 우리 함께 '빛나는 큰 별'이 되자고 설득합니다. 〈새 각오 가슴 안에 자리한 심지처럼/ 군세고 옹골차게 한 길〉을 걷자고 손을 내밉니다. 이런 자세로 일관하는 한정찬 시인의 작품이어서, 작품 감상을 마치기도 전에, 다시 발간할 새 시집의 새 작품을 기대하는 마음으로, 한정찬 22시집 『참살이』의 시 감상 여로를 접습니다.

목차

권두 감상문

제1부 서정시에 담은 인연

목차

목차

1부

—

서정시에 담은 인연

약동躍動

젖니 나듯
땅속에서
시린 겨울 견딘
새싹이
움돋고 있다.

간니 나듯
나무에서
시린 바람 견딘
새눈이
움트고 있다.

긴장이
늘 감도는
연결송수관
가장자리 옆에서.

잠언箴言

이 봄날은
지난겨울이
선물로 준
가장 큰 축제다.

이 봄에
씨 뿌리고
가꾸는 자만이
그 축복을 누리리라.

섬 바위

섬 바위의
바람은 늘 십중팔구
내 늑골로 불어 왔다.
바람을 잠시 잊는 날은
아주 슬프거나 기쁜 날에
내 울음 혹은 웃음이
생활의 커트라인을
선뜻 넘지 못하고
해안선처럼 깔깔거리며
거대한 폴리스라인을 친다.
섬 바위는 감옥이 되었다.
아침저녁노을은
그 한계를 넘지 못하고.

기력회복氣力回復

한 바구니 캐온
봄 냉이 그 향기가
집 안에
가득 퍼진다.

한동안
잃어버린 입맛도
되돌아 와
기력회복 찾겠네.

향기香氣

가지마다 잔뜩
방긋한 꽃들이
감미롭게 속삭이고
일찍 일어난 새들이
노래한다.

새들이
포르르 포르르
날자
꽃잎이
화르르 화르르
날린다.

나는
매실 꽃향기에
온종일 취해 있다.

꽃보다

꽃보다 더 고운 신록 위로
꿩 한 마리 날았다.

내 마음의 창은
바람맞이를 하다가
비 오는 날 수채화로 걸려 있다.

내 마음의 풍경은
일곱 빛 무지개를 그리다
비 그친 날 하프 소리를 듣고 있다.

꽃보다 더 예쁜 신록 위로
꿩 한 마리 날았다.

낮은 곳에

낮은 곳에
부활한 들꽃이
사순절 바람결에
하늘거리고 있다.

낮은 곳에
임하다보면
고운 사랑이
길동무로 간다.

춘경春景 2

산새가 지저귀는
산마루 올라서면

봄바람은
골짜기 산자락을
완력으로 휘어잡고

진달래는
연분홍 사랑을
목청껏
노래 부른다.

빈집

사람이 안 사니
아무 것도 없다

감柿 삭아 떨어지면
비바람이 마당질하는
빈집이다.

서럽도록
눈물 왈칵 나
너무 보고 싶은
아버지, 어머니.

목격目擊

빨강 노랑 하양의
봄꽃 활짝 핀 곳에
배회하는 가금家禽 무리
어쩌다
꽃들이 뚝뚝 떨어지면
쪼르르 달려가 쟁탈전이다.

신기한 것은
활짝 펴 매달린
빨강 노랑 하양의
향기론 꽃들에게는
무관심이다.

사랑

샛강을 가로지른
봄바람이 물결쳐 눈이 부시다.

황사에 소름 치다 주춤거리는
3월

사랑이 왔다
멀리 간 듯 서운함이
따스한 바람 다시 돌아왔다.

이제 사랑은 그대 가슴에
스며도 좋다.

봄 햇살

봄 햇살에
바닷가 물소리도 한결 보드랍다.

파릇파릇한 저 섬의 초목
빨강 노랑 하양 꽃들도
실 눈 뜨고 놀란다.

황사가 자맥질한 뻘밭
무수한 생명들 외침소리에
봄 햇살은
첫사랑을 앓는다.

봄이면

새들이
자음으로 날아와
모음 위에 떨어지는
정결한 꽃잎들
봄이면 충분하다.

미풍은
뜰 안으로 불어 와
목발처럼 기대 선
환한 그대 얼굴
봄이면 충분하다.

부활復活

빈집 마당귀
허물어져 나뒹구는
문짝에 들꽃이 피었다.

아련한 이별이
아픔의 여운으로
남루한 옷을 입고
어느새 부활했다.

쉬운 일

지구를 돌리는 일은
쉬운 일이다
아주 쉬운 일이다.

회전의자에 앉으면
지구가 돈다.

지구를 흔드는 일은
쉬운 일이다
아주 쉬운 일이다.

흔들의자에 앉으면
지구가 흔들린다.

씨감자

경칩에 지은 밭두둑에
거름을 넣고
씨감자 4등분 2등분하며
암팡스럽게 심었다.

오늘
감자 씨눈 나눌 때
유년의 배고픈 시절
감자 속 더 많이 먹으려고
씨눈에 감자 살 얇게 부쳐
씨감자 싹둑 자른 일이
자꾸 자꾸 생각난다.

산골 하루

산골에 하루 종일
기다림이 있을 일 없는데
시나브로 그리움이
햇빛, 달빛, 별빛에 묻혀
소슬한 바람결에
흩어져 뚝뚝 떨어진다.
이미, 흩어진 그리움은
땅거미와 산그늘에 젖어
뼈가 시리도록
사무쳐서 스산하다.

장독대

지금은 해와 달, 별이 내려와서
기웃거리다 가는 곳이 되었지만

한 때는
하양 빨강 분홍빛 봉숭아꽃이
장독대 옆에
환하게 피어 있던 곳이다.

배가 고파도
배가 불러도
조금도 내색하지 않으신
우리 아버지 어머니

배불뚝이 항아리를 보면
아버지 어머니 생각에
울컥 내 가슴이 뭉클해진다.

봄날에

날씨 풀리면 시를 쓰려고
농장에 나가니
산들이 다가 와
시는 시시하다고
잔잔한 바람을 보내
꽃들의 향기가
미풍에 실려와
내 콧등에 스미고 있다.

봄날에 온 세상은
모두가 꽃들의 향연
지천에 산재한
무수한 미물들도 약동한다.

봄은 이미

너무 기대하지 마시게
봄은 이미
그대 신발밑창에 닿아 있다.

너무 조급해 하지 마시게
봄은 이미
그대 눈 밖에서 뒹굴고 있다.

너무 유난떨지 마시게
봄은 이미
그대 호흡기에 황사로 있다.

봄처럼

봄이 오면
봄기운처럼 놀아라
봄바람처럼 뛰어라
봄 소풍처럼 살아라.

아지랑이가 미열로 다가 와
그대 전신에 어지러움 퍼져도

봄이 오면
봄노래처럼 놀아라
봄소식처럼 뛰어라
봄맞이처럼 살아라.

함께 걷는 길

내 길에 그대 들어서면
그대는 이미 내 길과 만나
길동무로 같이 가고

그대 길에 내가 들어서면
나는 이미 그대 길과 만나
길동무로 같이 간다.

우리는
길 위에서 만나고
길 위에서 헤어져도
무작정 같은 길 가야한다.

외로움 슬픔을 모두 태워
한 줌의 재로 남아도.

꽃 피는 일

꽃 피는 일은 두근거림이다.
설렘이 피어올라
큰 곤두질 하다가
수증기처럼 퍼져나간다.

꽃 피는 일은 경이로움이다.
탄생의 경건처럼
환희절정 기도가
메아리처럼 되돌아온다.

발아發芽

한 번 죽을 일
싹도 못 낼 줄 아셨는가?

씨앗의 푸른 희망
그대 마음의 신호등이다.
세상사는 일
모 아니면 도라고 해도
정말
그리 만만한 일 아니다.

한 번 죽을 일
싹도 못 낼 줄 아셨는가?

그렇게 오시게

햇살 묻어오는 바람처럼
즐겁고 유쾌하게
그렇게 오시게.

도랑에 촐랑이는 물소리처럼
연두 빛 흔들리는 이파리로
청아한 목소리로
그렇게 오시게.

아무런 반항 없는 메아리로
가벼운 발길같이
그렇게 오시게.

봄비 내리는 날

겨우내 춥다고 미루고
손 덜 간다고 제쳐놓은
농사터 폐비닐이 아우성치며
뱀 허물처럼 날리고 있다.

지난겨울을 이겨낸
의성배추와 쪽파에
청적상추가 식탁 위에
푸짐하게 올랐다.

내일은 마도 캐고
돼지감자도 캐야겠다.

봄비 내리는 날
복숭아꽃 배꽃 아래
초록물결이 출렁이고 있다.

바위 꽃

유년시절
한참 성장기에
영양 풍토환경으로
머리버짐 꽃처럼

길섶 바위에
찰싹 달라붙어
메말라 척박해도
활짝 핀 바위 꽃.

거스러미

괭이질 삽질하다보면
손톱에 이는
거스러미 신경이 바짝 선다.

호미질 낫질하다보면
손톱에 이는
거스러미 마음이 거슬린다.

농사일 하다보면
거스러미 이는 곳이
어디 손톱뿐이랴.

전신에 욱신거리는
거스러미가
가시처럼 돋는다.

붕어 꽃덧밥을 보며

붕어 빵 위에 붕어 꽃 그려
잡채 위에 얹은
붕어 꽃덧밥을 보니
잡채 옆에 억눌려
배시시 실눈 뜬
두 스푼 반쯤의 흰 쌀밥이
질식할 듯
농자천하지대본農者天下之大本을
외치며 가쁜 숨을 몰아쉬며
연신 외치고 있다.

너도밤나무에

묵정밭에 선
너도밤나무에
바람이 불면
너도 밤꽃이 피고
날아든 벌 나비들은
허기진 몰골로
너도 밤 꿀을 딴다.

너도밤나무에
너도 밤꽃이 지면
벌 나비들은
먼 유랑 길을 나선다.

기도祈禱

– 2019년 새해 아침

소방의 한 해를 보내고 어제와 별 다를 바는 없지만 오늘 또 새로운 소방의 한해를 맞이했습니다.

소방을 화재진압으로 보여주기보다는 먼저 화재예방 실천하는 법을 가르쳐 주시고, 오래도록 소방안전을 생활화할 수 있는, 더 나은 기술연마에 늘 고민하고 고뇌하는 그런 터전을 마련하여 야무지게 교학상장教學相長이 이루어져, 소방방재안전망이 빈틈없이 촘촘히 짜여질 수 있도록 하소서.

눈앞의 부정 절망을 일순에 부숴 쓸어버리고 늘 긍정의 에너지로 굳센 용맹과 벅찬 희망을 잔뜩 가슴에 품어 각종 재난에 예방대응복구의 화음을 잘 전파하고 실천하여 국민체감에 일등 소방이 되게, 늘 내면의 소방을 다지고 모두의 지혜와 힘을 모으고 합쳐, 잠시라도 소방의 굳건한 자세를 잊지 말게 하소서.

오늘의 소방이 있기까지 그 얼마나 많은 숱한 세월 속에서 소방인들의 고귀한 목숨과 힘겹게 바친 열정으로 지금 여기까지 왔습니다. 소방인들의 소중한 피와 땀, 눈물

흘린 희생봉사로 지금 여기까지 왔습니다.

제아무리 힘들어도 소방의 일을 결코 소홀하지 마시고, 제아무리 큰 위험이 시련으로 다가와도 소방의 명예를 소중하게 여기시어 결코 포기하지 마시고, 불굴의 투지로 하루 25시를 참 숨 가쁘게 달리고 또 달려가십시오.

이제 국민들 눈높이에 맞추는 위상의 임계점에 도달할 수 있도록 독수리눈을 더 크게 뜨고 하시고, 재난 재해에 더 힘주어 더욱 힘내서 힘을 합하여 더욱 굳세게 가도록 인원 예산 장비를 듬뿍 안겨주시고, 맘 편히 소방역량을 강화하도록 제도를 정착하는 날개의 무게가 질량과 밀도로 기량을 발휘하게 하소서.

또한 어떠한 어려운 업무에서도 우선 제도에 옭매어 벼랑과 낭떠러지의 나락에 멈춰 머뭇거리는 일이 없도록 명확하게 구분하고, 안전기준의 잣대를 챙기시고, 업무에서 주관을 배척하고 객관을 실천하여, 원칙의 유비무환으로 완벽히 갖춘 희생봉사정신으로 쉬지 않고 꾸준히 비상전진飛翔前進하도록 끊임없이 격려로 힘을 주소서.

그리하여 저들이 제아무리 힘들고 고뇌에 찬 시련이 연거푸 다가와도 오로지 국민을 위한 길이라는 그 한 길을 올곧게 인도하여 하늘을 높이 나는 연鳶처럼 멀리 멀리 나아가는 능력을 주소서.

이제부터는 안전으로부터, 약자와 같이 가는 안전복지의 길 위에서, 갈 길이 먼 이들에게도 나침반 같은 연을 날게 하시어, 심신이 피곤한 이들에게는 피로를 가시는 활력의 연을, 외로움에 지친 고독한 노인에게는 요양의 연을, 천사 어린아이에게는 꿈의 연을 날개처럼 달아 훨훨 날아 희망찬 삶이 솟구치게 해 주소서.

머잖아

깊은 숙면 깨어 난 혼미로
때로는 꽃샘추위로
일기는 왔다 갔다 할 것이다.

겨울바람처럼
흙먼지 달고 다닌 소문들도
애장처럼 큰 슬픔을 안고
시냇물 따라 흘러갈 것이다.

잊혀 진 사람들의 얼굴이
들꽃으로 소름 치며 피어나서
머잖아
내 뒷목 잡아당길 것이다.

119꽃이 피고 있다

– 소방방재신문 창간 30주년에 부쳐

긍정인 사람은
그의 삶 자체가
늘 즐거운 사람이다.

배려하는 사람은
그의 삶 자세가
늘 지혜론 사람이다.

사랑하는 사람은
그의 삶 전부가
늘 실천하는 사람이다.

사람들 속에서
119길을 가는 사람들은
마중물 같이 이미 좋은 일을 하는
참 올곧은 119사람들이다.

사람들 속에서
119길을 동행하는 사람들은
혜안을 가져 이미 소통을 전하는

참 정론의 119사람들이다.

궁정 배려로 사랑의 길을
한 결로 동행하며
119사람들이 가고 있다.
119사람들이 걷는 길 위에
119꽃이 수없이 피고 있다.

만세삼창萬歲三唱

– 유관순 순직100주년

유관순기념관 가는
길섶에는
풀꽃들이 활짝 피었다.

수많은 애국지사들의
촌철살인 어록들이
무궁화 꽃으로 활짝 피었다.

태극기를 양손에 치켜든 유관순이
이 시대의 사람들에게
아주 걸맞은 이야기를 하고 있다.

다 같이 힘 모아
대한민국 만세
만세삼창 힘주어 해 보라고.

* 만세삼창(萬歲三唱) : 바람, 경축, 환호 등을 나타내기 위하여 두 손을 높이 들면서 만세를 세 번 부르는 일을 말한다.

한 개 꽃이 되고 별이 되어

– 고 김신형, 문새미, 김은영 영전에

소방구조업무를 성실히 수행하시다
갑자기 유명을 달리하신 그대들이시여
그대들은 억장이 무너져 내리게 참담하게도
먼 길을 가셨습니다.
꽃다운 나이에 꿈도 못다 펼쳐 보시고
아주 먼 길을 가셨습니다.

갑자기 허망하게 가신 그대들 앞에
사랑하는 가족과 동료들은
그 무엇과 견줄 수 없는
애련함과 비통함에 가슴이 미어지고
오열과 슬픔으로 가슴이 찢어지도록
못 견디게 괴로워 현실을 받아들이지 못하고 있습니다.

지금, 우리들 마음에는
그대들이 열심히 살아온 삶의 흔적이
성난 파도처럼 밀려와 요동치고 있습니다.
그대들이 성실히 근무해온 모습들이
회오리 태풍처럼 몰려 와 요동치고 있습니다.

한 개 꽃이 되고 별이 되신
고 김신형, 문새미, 김은영 임들이시여
그대들의 숭고한 삶과 봉사정신은
이렇게 오열과 비통함에 젖어있는
사랑하는 가족들과 동료들의 가슴 가슴에
혈관 깊숙이 영원히 흐르고 있습니다.

고 김신형, 문새미, 김은영 임들이시여
그대들의 흔적은 세월이 아무리 흘러가도
영원히 우리들 가슴에 남아
소방의 굳건한 초석이 될 것입니다.
영원한 소방의 나침반이 될 것입니다.

이제, 무거운 짐 내려놓으시고
편안히 잠드소서.
영원한 안식처에서
편안히 잠드소서.

* 헌시(獻詩) : 퇴직한 소속 본부에서 헌시낭독 요청이 있어 헌시를 지어, 4월 2일 영결식장에서 낭송은 했으나 마음이 너무 아프다. 사고가 난 둔포 119안전센터는 이십 여 년 전 내가 소장(둔포면, 인주면, 신창면, 음봉면 관할구역)으로 근무한 곳이기도 해 더욱 그렇다.

운초 김부용

– 2018년 추모 문학제에 부쳐

유세차 임 가신 지 105년 지난 후에
잡초만 무성한 묘 문인이 고증할 때
무상한 인생여정의 감회만이 휘 돌았습니다.

그대는 순조시대 성천서 태어나서
한 생애 잉걸불로 살다간 멋진 문인
아직도 여장부 시정 솔향기로 불고 있습니다.

신분을 뛰어 넘고 나이를 극복해간
시대를 뛰어 넘은 조선의 여권 신장
그대의 시 소재 선택 다양해서 더 빛이 났습니다.

운초여 인연 맺은 남자는 스승이었습니까
사모한 우연 운명 남자는 동지였습니까
그대의 시 재능 펼친 당당함이 위대했습니다.

유세차 임 가신 지 149년 오늘 하루
선명한 그대 제단 찾아 온 우리들은
당대의 부용회자로 이 한때가 경건합니다.

그대는 일상을 깬 조선의 자유부인
허명虛名을 내던지고 가슴에 시정 담은
애절한 '상사곡相思曲' 연정 안타까워 눈물 납니다.

오늘을 사는 우리 추모의 토대가 된
참여한 관련단체, 뜻 모은 유지 시민
우리는 운초를 보며 다시 한 번 감사드립니다.

운초여 그대 시문詩文 날리는 바람결에
초목이 흔들리고 그대 시문 변함없습니다.
운초여, 그대 시문은 사계四季 내내 들뜸입니다.

운초여, 흠향歆饗하소서
그대 영원한 시문詩文 마음속에 깊이 새깁니다
운초여, 부디 흠향하소서.

* 운초 김부용(雲楚 金芙蓉, 女流詩人, 1820-1869): 평안도 성천成川 출신. 19살 때 당시 77세의 김이양(奉朝賀 金履陽, 文章家, 1755-1845)을 만나 49세에 사망할 때까지 그들 사이의 애절한 사연을 소재로 한 상춘곡(相思曲) 등이 유명하다.

묵상默想

어제 하루도 내게 온전히 열어주신 주님
아직 주님 온기가 내 안에 남아
기쁨이 샘물처럼 솟아나고 있습니다.

주님, 내게 오늘도 몸을 흠뻑 적신
기쁨의 즐거움 지어서
행복한 삶을 다듬게 해주십시오.

내일도 기도하는 삶이 되게 하소서
오늘 하루도 내게 온전히 열어주신 주님

어제 하루를 내게 온전히 꺼내주신 주님
아직 주님 말씀은 내 안에 남아
기쁨이 장미처럼 피어나고 있습니다.

주님, 내게 오늘도 얼굴 흠뻑 적신
기쁨이 즐거움 가꾸어
사랑의 삶을 가꾸게 해주십시오.

내일도 기도하는 삶이 되게 하소서
오늘 하루도 내게 온전히 꺼내주신 주님.

올여름에 1

올 여름에 무작정 떠나자
아무리 일이 바빠도 발길 닿는 곳으로
무작정 떠나다 보면 바쁜 삶은 지나가고
새로운 길 만나 갈증 멈추리라.

온몸에 흐르는 땀이 옷을 적시고
영혼이 섭씨 1도 강하를 느낄 때
성스러운 노동은 춤추고
돌아온 부메랑은 새로운 삶을 일깨우리라.

한 발짝 더 머뭇거림은
신록 안으로 맡기고.

올여름에 2

올 여름 정처 없이 떠나보자
발길은 닿는 곳으로
떠나다 보면 열대야도 잊으리라.

바쁜 삶 지나가면 시원한 마음가짐
새로운 길 위 갈증 온몸에 흐르는 땀
내가 입은 옷을 적시다 보면
내 영혼도 젖으리라.

노동은 늘 성스러이 돌아온 부메랑이
한 발짝 머뭇해도 신록처럼 흔들거려
안으로 내 삶의 흔적 기적처럼 보이리라.

여름 아침은

여름 아침은 눈물 나도록
이슬방울이 반짝인다.

여름 아침에 이슬 맞이하며
입은 옷 흠뻑 젖도록 걸어 보자.

무슨 말이 중요한가
무슨 설명이 더 필요한가
침묵의 체험으로
이 경건한 여름 아침을 맞이하자.

이슬은 여름 아침이 낳은
어둠의 자식
밤이 지새도록 뜬 눈으로
만들어 낸 영롱한 결정체로
아침 햇살에 곧 증발해도
초목을 자라게 하고
초식동물을 윤택하게 한다.

여름 아침은 지난밤에

수많은 별들이 첨벙대다 간
흔적의 두문불출 끝자락이다
내 꿈의 입구가 훤히 보인다
내 삶의 출구가 크게 보인다.

여름 아침에 이슬 맞이하며
입은 옷 흠뻑 젖도록 걸어 보자.

여름에

여름에 더위를 매일 성가시게 만난다.
초복에서 말복까지 더 기승을 부리는 더위

텃밭에는 푸성귀가 지고 열매채소가 풍성하게
제 자리 차지하고
매미소리, 뻐꾸기 소리, 바람소리도 함께 한다.

삼복三伏에는 숲들의 흔들림에
사람들의 발길이 잦은
마을의 정자나무 아래에서는 낮잠에 정오가 졸고 있다.

산하에는 초록 짙은 싱그러움이 절정이고
이따금 바람보다 먼저 일어나
흔들리는 초목들 사이로 간극을 좁히는 그림자다.

가끔은 먼 곳에 사는 이들의 소식이 기다려질 때
숲속에 불어오는 바람결에 내 마음도 시원해진다.

여름에 더위를 성가시게 만나는 건
열대야 그 깊숙한 시간에 젖어

모기의 비행쯤은 눈감아주고
하루살이 찾아옴을 받아주면
내 가슴에 차오르는 인내 온유 사랑의 가장자리

여름에 더위를 성가시게 만나는 건
해와 달 그리고 별이
어둠을 깨우고 삶을 채웠다가 비우는 법을
내게 일러주는
바람 온도 시간의 즐거운 충분조건.

내로남불

동의同意가, 묵시적인 동의가
폭포瀑布 아래로 떨어지면
잠든 아날로그는
비시시 깨어나 허실대고 있다.
소통疏通이, 까불대는 소통이
분수噴水 위로 솟구치면
화들짝 놀란 디지털은
사족蛇足으로 쏜살같이 달린다.
정의란 무엇인가?
정해진 자로 무게로 부피로 판단해야 하는데
저마다 가진 자로 무게로 부피로 심판하고 있다.

정의가 심하게 상傷하고 있다.

* 내로남불 : 1990년대 탄생해 쓰이고 있는 말로, 같은 건을 두고 남은 비난하지만 자신에게는 너그러움의 이중 잣대를 일컫는다. 아시타비(我是他比, 나는 옳고 남은 그르다.)가 있다.

기뻐하라

기뻐하라
항상 기뻐하라
기뻐서 기뻐하라
오늘은 내 생애에
가장 소중한 선물이다
기뻐하라.

사람으로 태어나
생각하고 고민하며
살아가고 있음에
만족하는 일
이 얼마나 행복한 일인가?

사람으로 태어나
소통하고 배려하며
함께 더불어
살아가는 일
이 얼마나 행복한 일인가?

기뻐하라

항상 기뻐하라
기뻐서 기뻐하라
오늘은 내 생애에
가장 소중한 선물이다
기뻐하라.

참깨 밭에서

참깨 밭에서 유월 장마를 걱정했다
특용작물 참깨는 비가 많이 오면
폭삭 망한다는 말처럼 흉작인데
올해는 칠팔월 삼복전에
이미 장마는 지나가 풍작이 예상된다.

참깨 열매 꽃 활짝 피어
꼬투리마다 차곡차곡
튼실한 씨앗이 여물어 가고 있다.
참깨가 스러지지 않게 줄을 치고
참깨 밭고랑에 들깨를 심었다.

머잖아,
참깨 밭이 들깨 밭으로 바뀌겠다.

농장에서

바람 소슬한 농장에 서서 보면
햇살 한 소절 바람 한 가닥도
내 친구를 아주 닮아 경배를 했다.

노동에 흠뻑 젖은 옷에
소금 꽃 하얗게 핀 흔적
목마른 갈증에 올 여름을 보냈다.

오늘은 처서,
처서에 비 내리면 흉년이 된다는데
태풍 솔릭이 기습상륙을 시도 한단다.

그래도 지난여름 무더위 속에서도
잘 익은 고추 참외 토마토가 참 예쁘고
걸려온 안부전화가 반갑고 참 고맙다.

* 처서(處暑) : 24절기의 하나. 입추와 백로 사이로 양력 8월 23일 경을 말하며 이 시기부터 더위가 수그러지기 시작한다.

여름 단상斷想

1.
날씨가 너무 더워
매미가 밤낮을 안 가리고
울고 있다.
아스팔트에 땡감 떨어져
또르르 구르시려고
하오 바람은 부는가 보다.
수목 우거진
산천초목 축 늘어져
시들시들하면서 살아남는 법을
연습하고 있다.

2.
참깨 그루터기 주변에
구구 비둘기 모여들고
들깨 어린 순이 도열했다
지난 몇 주 동안
참개고랑에서
숨 제대로 못 쉰

들깨 순들
귀엽게 하늘거리고 있다.
어느새
된장잠자리 수없이
날고 있다.

3.
하늘은 청명한데
연못 가 녹음綠陰이 무성하다.
연꽃은 미소 짓고
소금쟁이는 그림을 그린다.
소나기 한 줄기 와
수채화를 그리면 좋겠는데….
머뭇거리는 수세미 덩굴 아래
봉선화가 너무 예쁘다.
하오에 졸고 있는
초록들의 반짝임에
농사짓느라 까맣게 탄
내 손등과 목이
훤히 다 내다보인다.

4.
농장에 선풍기도
더운 바람내고 있다.
고구마 밭에서
단잠자다 깬
고라니 새끼 한 마리
후들거리는 다리로
서툴게 줄달음치고 있다.
산만한 고구마 이파리들
화들짝 놀라 멈춰버린 불안으로
더 이상 기력이 없다.

5.
방학 때 한동안 집에 머문
아들은 교원연수 떠나고
뜻밖에 외손자가 집에 와
내 말벗이 되고 있다.
오늘은 퇴근 후에
날마다 가꾸어 온 농장에
외손자 데리고 가
체험의 장 열어봐야지
풀집 속의 닭장에서

닭들도 소리 내어 반기게.

6.

잡초가 우거진 농장 주변의
하루살이 불빛에
제 몸 타는 줄도 모르고
수없이 날아든다.

영문 모르는 소쩍새는
뭐 그리 서러운지
아직도 목 타게 울고 있다.

바람 한 점 없는 늦은 저녁
이웃마을 불빛은 하나 둘 꺼져가고
가로등만이 아침을 기다린다.

여로旅路

아직도 예전 같을 거라는 타성에 젖은 매뉴얼 펼쳐, 아침에 떠올라 저녁이면 모습 감추는 하루를 믿고, 무작정 일과를 이어가는 오랜 습성에 푹 젖은 채로, 내 일상은 이미 4차원 적응에 두 눈을 껌벅거린다.

사람의 마음을 사랑하는 일은 창호지처럼 얇아져 햇살 달빛 내리고 별빛 쏟아지는 황홀한 풍경처럼 하루의 일용 안에서 배려로 전부를 맡기는 만족함은 내 시간의 햇살과 달빛 그리고 별빛처럼 영롱하다.

사랑이 없다면 낮밤도 아무런 의미 없을 거라는 인식에 굽어도 도로는 연결되어 있다는 명제 앞의 내 삶의 지표는 행복한 화음처럼 매 순간을 형상화하다 바람이 되어 내 염원은 늘 마주보는 수직 혹은 수평의 평행선이다.

농사는 하늘이 8할 돕고 내가 2할 노력하는 일이라면 산하의 햇빛이 그렇고 내 손끝의 노동이 정말 그렇다면 최선으로 농작물을 하늘처럼 공경하고 사랑하는 일, 내 추억은 이미 지나온 간이역 기적에 심연으로 덮인다.

행복

내 삶에 믿음의 가슴 열고
기도와 정성으로
행복의 씨앗을 심어요.

내 삶의 소망에 감사하며
경이론 기쁨으로
행복나무를 가꿔요.

내 삶은 사랑을 노래하며
보배로운 결실의
행복열매를 거둬요.

키 작은 해바라기

키 작은 해바라기 몇 송이가
팔월 웃자란 잡풀 속에 몽땅 갇혀
이미 꽃은 지고 씨방을 형성한 채로
질식해 말라버린 영 볼품없는 몰골이다.

지난 초여름부터 노란 꽃으로
길손들의 마음을 사로잡아 온
키 작은 해바라기를 수확하면서
어느 분의 어록을 다시 되새겨 본다.

'나이 들어 깨달음 있으면 큰 일'

곰장어

부세가 감투 쓰고
참조기 행세를 하니
곰장어가 이름도 안 바꾸고
장어 감투를 쓰고 있다.

곰장어가
먹장어 눈 먼 장어로
이름을 바꿔가며
장어 행세를 하고
지역에 가서는
꼼장어, 푸장어, 꾀장어로
장어 행세를 하고 있다.

부세가 감투 쓰고
참조기 행세를 하니
곰장어가
장어 감투를 쓰고
진흙 뻘에 스물 스물 기고 있다.

어떤 이별은

어떤 이별은 내 영혼을 흔들어서
여러 날 내 가슴을 짓누르고 뭉개
바로 누워서 보내기도 힘겹게
절망의 폭포로 떨어졌다.

어떤 이별은 내 영혼을 헤집어서
한동안 내 가슴이 아프고 쓰리도록
간신히 버티기도 힘들게
아픔의 분수로 치솟았다.

어떤 이별은 내 영혼을 들쑤셔서
오래도록 내 가슴이 미어지게 해
슬픔의 해금이 가라앉기도 전에
평행선을 마구 그어댔다.

부호符號처럼

라일락 고목에
다가서 바라보면
성긴 꽃눈이
십자가를 그으며
거룩한 믿음의 부호처럼
칼바람 맞서서
무수히 돋아나
이 추위에 도전하고 있다.

아직도 입에 차가운 가시 돋는
겨울 그 한 가운데 서서.

안부安否

산수유 붉은 열매가
불붙듯 메말라 가던 날
솔부엉이 울음소리에
밤 지새운 감성으로
나는 정신 줄 놓고
산골을 방황한다.
그대여, 안녕하신가?

삭풍에 떨린 문풍이
콜록대 몹시 몸 아픈 날
하얗게 핀 첫 상고대 끝
바위가 된 이성으로
나는 그리움 접고
용케 견디고 있다.
그대여, 안녕하신가?

이 겨울 지나고
꼭 한 번 얼굴 보자고 한
그 말이 너무 정겨워
기다림의 미학에

나는 아날로그시계 내리고
묵상하고 있다.
그대여, 안녕하신가?

2부

—

시조에 담은 희로애락

베들레헴 작은 집

오두막 가난한 집 우리 집 닮은 곳은
주님이 탄생하신 조그만 구유의 집
양羊들은 묵상 기도로 환호하며 노래해

하느님 말씀으로 입김이 얼어붙어
천사들 가슴으로 눈雪 되어 오신 주님
양들은 침묵을 깨고 환성하며 노래해

눈雪들이 눈덩이로 합쳐져 굴러가듯
양들의 큰 사랑을 굴리며 오신 주님
양들은 주님 뜻 따라 찬미하며 노래해

천사들 모여와서 주님을 찬미하듯
양들이 입을 맞춘 그 화음 한데 모아
참 좋은 크리스마스 찬양하며 노래해.

* 4연 시조
* 베들레헴(Bethlehem) : 예수 그리스도께서 탄생하신 곳으로 순례지. 팔레스티나의 남쪽 유다 지방에 소재한 조그만 마을로서 예루살렘 남쪽에 위치하고 있다.

숨터

1.
한 겨울 농막 가면 눈보라 휘날리고
방목된 푸른 별이 밟고 간 흔적들이
감나무 숲속 오솔길 반쯤 남아 그리워

차가운 엄동설한 홍시로 남은 몇 개
까치밥 화폭에 남아 눈시울 더욱 붉어
창천의 파란 하늘이 오늘 따라 더 높지.

2.
무쌍한 구름 한 장 날갯짓 다리 잃고
쨍그랑 햇살 한 줄 허공에 곡예 하는
그대는 누구인가를 소리치며 날지

우리는 누구인가, 콩팥을 흩뿌리며
구구구 뒤집으며 비둘기 지혜 모아
콩은 콩 팥은 팥이다 소리치며 가려 봐.

3.
나 그대 마주하면 태산이 나직하고
나 그대 바라보면 강물이 야트막해
그대는 지초난초芝草蘭草로 편안해서 참 좋아.

4.
마음이 허전할 때 창가에 기대어서
먼 산을 바라보면 외로움 구름처럼
밀리다 막 쏜살같이 달아나다 사라져.

5.
봄비가 내리는 날 농막에 홀로앉아
내가 쥔 커피 잔에 녹아든 그대 미소
뽀르르 이심전심以心傳心이 쉼도 없이 펴 올라.

* 연시조와 단시조 혼합 작품.

늦은 가을의 여정旅程

1.
길 위에 살다보면 늘 깨어 있는 것은
다시는 없는 삶에 시간을 낭비 말고
매 순간 잘 살아가라 그 의미의 나침반

창문을 여닫다가 눌러진 바람 허리
고통에 저려오는 아픔의 언어 조각
살다가 숨 차는 일은 말씀 끝의 진자리

날마다 반복되는 느슨한 일과에도
새롭게 변화하는 긴장을 약간 주입
톡톡히 혼자 느끼는 여유로운 만만디.

2.
낙엽이 떨어지고 들풀도 메마른 곳
비탈진 응달에서 연한 풀 뜯고 있는
한 마리 고라니 등살 쓸쓸하게 느껴져

가을은 까맣게 추적추적 타들어 간
죽음의 계절인가 왜이래 쓸쓸한가
외로워 고독한 방에 밀려오는 그리움

살다가 고달프면 가끔은 고개 돌려
다른 길 걷다보면 살맛은 군침처럼
입안에 고이고 돌아 설렘으로 일어 나.

3.
어제를 보냈다는 존재의 그 의미가
지금은 내게 있어 즐거운 믿음으로
그대의 배려 모습이 기쁨처럼 흐른다.

오늘을 맞이하는 내 존재 황망할 때
지금은 내게 있어 즐거운 소망으로
그대의 배려 존경이 희망으로 솟는다.

내일을 기대하는 내 존재 꿈꾸는 일
지금은 내게 있어 즐거운 사랑으로
그대의 배려동행이 마주보며 웃는다.

4.

포구에 등대불이 시력을 다해갈 때
밤새워 눈뜬 달별 동굴을 닫는 아침
섬들은 바다에 뜬 채 펑펑 울고 말았네.

지독한 고독 뒤에 후련한 가슴 안고
산국이 수다하게 피고 진 바위틈에
해풍은 여전히 불어 취한채로 흔드네.

갈증에 흩어졌다 어둠에 해쳐 모여
간밤의 자막 뉴스 뚜뚜 핀 마음의 꽃
갈매기 파도를 타다 가슴팍에 걸렸네.

5.

마라도 갯바위에 절망이 시련처럼
부서져 깔렸다가 뭉쳐서 일어선다.
아스라 세상사는 일 힘들어도 일어서

사람이 없는 곳에 바람이 서성대고
날씨야 어쩌거나 외로움 출렁댄다.
바다에 수없이 밀린 갯바위는 아프다.

바람이 노래하고 바다가 울어대는
마라도 땅뙈기에 햇살은 내려왔다
이 세상 고독은 모여 방파제를 때린다.

6.
가을 무 뽑으면서 주목한 긴 꼬리에
다가 올 한파걱정 옛 말씀 떠오른다.
무 묻을 구덩이 파다 살펴보는 높낮이

한파를 실감하는 예상은 앞지르고
매서운 날씨 앞에 동파도 걱정된다.
지난 해 무 얼어 버려 헛일 한 일 생각해

추위를 극복할 일 그래도 유비무환
다가올 겨울 대비 준비도 차근차근
농장의 지하수 보온 그 채비도 으뜸 일.

* 3연시조 여섯 마당.

봄비春雨

1.
봄비에 젖어버린 파란색 하늘 아래
울음이 터져버린 순백의 목련이여
이제는 초록의 갈망 그 심정을 알겠네.

봄비가 내리는 날 만물은 약동해도
사월이 징그럽다 혀 차온 몰골처럼
이제는 무지개 색상 그 의미를 새기네.

봄비가 그칠 무렵 둔치로 나가보자.
산하에 동강이 난 겨울의 울음 모인
향연香煙의 사물놀이패 그 아픔을 느끼네.

2.
봄비에 목이 젖힌 제비꽃 몇 송이가
한 하늘 이고서서 눈망울 굴려 본다
무지개 곱게 피어도 꽃자리가 비좁다

봄비에 산하에는 복사꽃 왕버들 꽃
애달피 울어대는 뻐꾸기 종달새가
꽃자리 내 꽃자리를 가로채고 말았다.

봄비에 진진자리 초목은 소생하고
깨어 난 미물들도 저마다 갈 길 간다.
오늘을 뻗대며 버틴 월력 끝을 보았다.

* 3연시조 두 마당.

소금鹽 앞에서

바닷물 끌어다가 흙바닥 고인 산물
2℃를 24℃로 높여서 만든 소금
인내는 천일염처럼 정재 되어 머물고

대륙의 화산지역 민얼굴 승화 산물
거대한 모습이 된 경이론 덩이 소금
인내는 바위 염처럼 굳은 채로 드러나

건조지 신비롭게 나타난 풍화 산물
무진한 모습으로 빛나는 보석 소금
인내는 짜면 짤수록 그 보람도 더 커져

세상은 아무래도 짠맛이 으뜸 산물
부패를 방지하는 거룩한 양질 소금
인내는 염전 터에서 결정체로 빛나고.

* 4연 시조

만족滿足

식물은 뿌리까지 발 담그고 살아가고
미물微物도 배부르면 더 이상 먹지 않아
태어 나 살아가면서 만족 교훈 삼아야

우리가 사는 동안 만족을 하게 되면
기쁨도 즐거움도 곱되는 행복자존
해맑은 생의 찬가로 참 즐겁게 느껴야

만족은 불행의 끝 기쁨이 시작이다.
하는 일 긍정에너지 솟구쳐 넘쳐흘러
내 생애 사는 동안에 그 으뜸의 큰 사랑.

나팔꽃밭에서

바람이 불어오면 모두 다 받아주는
울타리 가장자리 뚜우 핀 그대들이
유난히 사랑스러워 내 발길을 멈춘다.

신성한 송이마다 얼비친 사유의 뜰
햇빛은 외출하고 빗소리 감아 돌면
갑자기 울컥한 마음 나 그대를 그린다.

심술을 부린 시간 울타리 가르치면
떨리며 피는 저 꽃 자유를 갈망하고
추억은 지근거리에 내 눈시울 붉힌다.

사람들 사는 곳에 조르르 피고 지는
저 꽃을 지켜보면 마음은 예전대로
못 잊어 달려가고파 내 가슴이 시리다.

들꽃 향연香煙

1.
자그만 들꽃들이 수다히 피고 지는
내 고향 논밭두렁 향기가 그윽한데
흘러간 세월 뒤에서 추억만을 쌓아요.

하는 일 뭐 대단해 바쁘단 핑계대도
참 곱고 예쁜 꽃들 말없이 피고지네
외로움 당하지 말고 조용하게 지내요.

들꽃이 바람결에 흔들려 지는 일은
지상에 생의 전략 알뜰한 고행이지
즐겁게 꽃 따라 가다 교훈 하나 새겨요.

2.
꽃망울 활짝 펴서 향기는 증발해도
열매를 맺는다면 미련은 내버려요
들뜨는 기쁨 가운데 엄숙함을 지녀요

꽃바람 훈풍으로 감미론 당당함에
가슴이 훨훨 타는 내 생애 완전연소
이따금 눈물 나지만 애잔함을 느껴요.

아픔이 짠해올 때 안으로 감싸다가
습작이 유효하게 정다움 느껴질 때
예전에 순박한 가슴 마중물로 반겨요.

봄눈春雪

1.
영상의 날씨에도 참 많이 내렸구나.
이렇게 봄눈 많이 내려와 입 벌리기
기상대 관측상으로 스무 두해 만이래.

차가운 눈발에도 대지는 이미 녹아
물 오른 꽃봉오리 입술을 삐죽거려
온종일 부는 바람에 까치소리 요란해

때 맞춰 이미 자란 달래와 냉이들이
머리에 옴팍 맞은 봄눈의 세례 받고
배부른 돌담장 아래 졸고 있는 홍매화.

2.
이제는 안심하고 정신 줄 놓았는데
간밤에 내린 봄눈 강풍을 데려 와서
씌워 논 비닐하우스 난장판질 해댔다.

밤 새워 애간장을 녹이듯 가슴 죄며
단숨에 달려간 곳 하우스 처참한 상像
농사는 자식 같아서 눈물마저 말랐다.

어쩌나 일 년 보고 심어 논 어린새싹
냉해를 입게 되면 수확은 거의 바닥
한숨에 얼굴색 바꾼 농부 김 씨 가슴 타.

봄날

1.
친구야 꽃망울이 예쁘게 벙글 때에
그동안 가슴 안에 그리운 이름 불러
외투를 벗어 던지고 들판으로 나서자.

아직은 찬 기운이 햇살에 어룽대고
절기의 입춘 우수 속삭임 들려오면
내 마음 문을 확 열고 거침없이 가보자.

초라한 오늘 하루 급급한 발길 앞에
곤궁해 모자라는 실핏줄 아린 고통
오늘은 소크라테스 돈키호테 넘보자.

2.
친구야, 겨울 동안 은둔을 허락하다
창천을 흔들면서 내려온 바람 불면
빈 들을 마구 달려 온 내 가슴이 아프다.

길 찾아 방향 잡은 냇물이 소리 내고
양지쪽 아지랑이 햇살에 취해 졸면
부표로 떠돌던 말씀 허물어져 눕는다.

지나간 세월 앞에 추억을 노래하는
흥겨운 그대 앞에 다가 서 바라보면
삶이란 완행의 편도 행복지수 지표다.

해탈解脫

한평생 지게 져서 등 굽은 고목나무
한평생 많이 밟혀 배부른 마당돌담
봄바람 외면을 하고 실개천을 돌았다.

고목은 스러지고 돌담은 무너진 터
철모른 병아리 떼 숨죽여 오고가고
햇빛은 낮달에 가려 안경 쓰고 살았다.

시린 몸 아픈 상처 마음을 추스르고
연두 빛 폴폴 나는 자리에 혼자앉아
오늘은 봉황 솟대를 지성으로 세웠다.

한로寒露 무렵

쌀쌀한 한로 무렵 농장의 고추밭에
풋고추 풍성하게 버겁게 주렁주렁
초가을 두 번의 태풍 연거푸 온 탓일까

서리가 오려는지 한자리 날씨 기온
해맑은 햇살 아래 들풀은 성장 멈춰
그래도 가을 김장용 무 배추는 잘 자라

칠년 차 초보 농군 아직도 서툴지만
유년기 농촌에서 보내온 그 습성은
이순을 훌쩍 건너 온 지금에도 유효해.

신세한도新歲寒圖

추사의 세한도가 유난히 그리운 때
오로지 뿌리 내려 잘 자란 소나무를
강릉시 바다부채길 거닐다가 보았네.

또 다시 눈을 들어 바라 본 노송 아래
벼랑 위 너럭바위 아래로 내린 뿌리
함께한 바람 세월의 굳센 의지 돋보여

먼 여정 내 일생 길 뛰다가 숨이 차면
서둘러 주저앉고 손쉽게 포기하는
그런 일 없었는지를 가늠하며 생각해.

* 후기(後記): 벌써 이순 역을 지났다. 강릉시 부채길을 걷으며, 나무의 대명사로 알려진 소나무를 보며, 추사의 세한도가 생각나서 나의 삶 여정도 다시 한 번 되돌아보는 기회를 가졌다.

길路

한 갑자 살다보니 걸어온 길옆에서
불면의 수많은 길들이 쌓여 있다.
양들의 침묵을 깨워 동행하고 지나자.

안전이 부재한 길 위급이 다가오면
때늦은 후회해도 아무런 소용없다.
비둘기 구구 모이게 소통하고 지나자.

누구나 한번쯤은 저마다 걸어온 길
뒤돌아 살펴보면 회한이 교차한다.
더불어 같이 가는 길 배려하고 지나자.

선운사

선운사 뒷동산에 동백꽃 피고지면
지나 온 세월 따라 역류한 그리움이
양 볼에 흘러내리는 눈물처럼 고인다.

선운사 개울가에 상사화 불붙으면
지나 온 세월처럼 깡마른 추억들이
못 잊어 그리워지는 얼굴처럼 떠올라.

선운사 뜰 밖 뜰 안 백일홍 만발하면
지나온 세월 같은 지워진 흔적들이
신기루 꽃구름처럼 순식간에 변한다.

조선여류시인

매창은 유희경을 한평생 사모해도
희경은 이매창을 한평생 외면했지.
첫눈에 매창에 반한 유희경은 비급해.

부용은 김이양을 받들며 살아오며
나이 차 극복하며 사랑을 쌓아왔지.
부용의 애절한 섬김 김이양은 탄복해.

황진이 사는 동안 수많은 일화 중에
평소에 흠모해온 서경덕 시험도 해
황진이 유혹에 그만 콧대 꺾인 벽계수.

미당문학관

고향을 노래하다 고향을 사랑하다
바람을 노래하다 바람을 사랑하다
오로지 모국어 사랑 크게 빛난 그 자취

바람에 자란 생애 언제나 극복수련
미당의 발자취가 남겨진 유품에서
저절로 겸손 미덕이 풀잎처럼 일어 나

검소한 생활처럼 남겨진 그의 시어
한 생애 짧았지만 영원한 그의 숙제
시학에 눈을 맞추면 그리운 길 고향 길.

신석정문학관

노을을 쥐어짜서 그리움 그리다가
그리움 늘었다가 그 얼굴 빗어보다
사랑이 순수로 돋은 그 모습을 보았네.

미지의 동경으로 몰입한 그의 시력
시 쓸 때 행복한 일 그 의지 초지일관
기쁘게 내공을 키워 그 흔적이 남았네.

바닷가 거닐다가 심취한 노을에서
인생의 나침판을 자연에 견주다가
일생을 미지의 동경 그 사상을 심었네.

서낭당

오가는 길모퉁이 원추형 돌무더기
성황당 고유 신앙 신성한 천신산신
그 곳을 지날 때마다 돌 세 개를 올렸다.

오방색 펄럭이는 금기의 신성장소
오갈 때 세 번 절을 드려야 안심무탈
대대로 전해져오는 민간신앙 도탑다.

성황신 모신 장소 수호신 굳게 믿음
오로지 길손들이 안녕을 기원하고
생애에 무병장수는 우리의 삶 전부다.

* 서낭당: 마을의 수호신으로 서낭을 모셔놓은 신당. '성황당(城隍堂)'이라고도 한다.

사계四界의 창가에서

셔터를 올리면서 하루를 열었다가
셔터를 내리면서 하루를 닫는 일상
셔터가 갑자기 내려 갇혀버린 이 순간

시간은 오고 가고 또다시 오고 가도
사랑을 꽃피우고 슬픔을 잠재우는
추억의 아름다움은 감사해도 좋을 일

믿음의 샤머니즘 안녕을 기원하듯
기도의 도량으로 다가서 바라보면
온유로 배려하는 일 참 살림의 그 원천.

수승대 연가戀歌

빼어난 산고수장 위천의 맑은 물빛
화강석 솟은 절경 금원산 기백산과
조두산 그 정기 받아 감탄사가 흐르고

수승대 관광명소 명승지 제 53호
수많은 시인묵객 길손이 머물다 간
흔적은 그대로 남아 세세손손 이어져

해마다 종합예술 연극제 개최되어
글로벌 축제 속에 빛나는 거창문화
산 좋고 물 맑은 고장 아름답게 전해져.

황산전통한옥마을

한 폭의 그림 같은 우리의 전통 고가古家
수승대 언덕 위에 자리한 황산마을
나란히 흙돌담 동행 소담스레 앉았다.

흐르는 맑은 개울 하늘 산 흔들리고
사계를 노래하는 산바람 물소리가
아직도 이리 오너라, 그 목소리 들린다.

시월의 쾌청한 날 마루에 다시 앉아
산골에 부는 바람 한 소절 맞이하다
괜스레 들뜬 마음에 한 나절을 보냈다.

* 황산전통한옥마을 : 경남 거창군 위천면 소재. 요수 신권 선생이 이곳에 은거하며 1540년 '구연재'를 세우고 후학들을 양성했던 이후로 거창 신 씨의 집성촌이 되었다.

그때는 옳았지만

영화의 제목 같은 그때는 옳았지만
누구나 인생에서 몇 번쯤 해본 말에
손 발목 꼭꼭 잡혀서 마음 중심 못 잡아

어쩌다 상황변화 인식을 외면하고
그 때는 옳았지만 한마디 합리화로
마음의 날개 휘젓다 본마음을 덮고 봐

진실로 당부하니 수시로 변하는 게
세월 앞 인생이나 언행은 신중해야,
얼굴을 바꾸고 나서 그때는 옳았지만.

머물지 못하고

가벼워 못 머무는 빈병의 아우성이
바람결 쏘다니다 기울어 곤두 박쳐
가슴에 아린 언어 쏟아낸다 순간에.

언어의 마술처럼 때로는 현기증에
힘겨운 어지러움 기꺼이 느껴올 때
우리는 혹여 가벼워 머물지를 못한다.

언어를 재생하고 언어가 명멸하는
시월의 단비처럼 우리는 공감하고
겸허한 마음가짐을 행동으로 보이리.

새만금

동진강 만경강가 만경평야 김제평야
두 평야 넓이만한 새 평야 생겨나서
새만금 방조제라고 합성어가 붙었나.

맨 처음 간척사업 목적은 농지확장
세월이 흘러가니 레이저 관광산업
새만금 친환경적인 개발되면 좋을 터.

바람이 간지럽게 불어 와 상쾌한 날
풍력계 바람개비 바쁘게 돌고 돌아
새만금 상전벽해는 명성답게 돋보여.

하구

태초에 전능하게 부서진 바위들도
돌멩이 작은 모래 더러는 진흙으로
흩어져 역류로 가는 내 가슴의 우수憂愁여

태초의 울음 싣고 떠나 온 물살소리
여울진 소용돌이 부딪힌 화음으로
고뇌가 모이고 쌓여 내 마음의 손풍금

억새와 갈대들이 어울려 사는 땅 끝
이별의 조각들이 겹치는 물결무늬
파도가 부서져 모인 내 눈길 끝 삼각주.

* 하구(河口) : 바다로 들어가는 강어귀.

저녁노을

한번쯤 저녁바다 노을을 보셨는가?
아직도 갈대숲에 미련을 못 버리고
바람에 옷깃 여미며 달군 가슴 식힌다.

파도에 꼬부라진 언어로 핀 갈대꽃
이순 역 지난 세월 그만큼 담아내며
바람에 머리카락은 관능처럼 날린다.

눈앞의 비트색이 알람을 풀어내고
파도의 해조음海潮音이 힘차게 솟구쳐서
붉은 힘 불끈 솟아나 두레박에 고인다.

닭 울음

날개를 치켜봐야 아무런 소용없는
그런 줄 알면서도 기개를 못 버리고
홰치며 아침을 몰아 소리치는 저 기상

그 무슨 벼슬 갖고 요란히 부산떠는
수탉의 숙명처럼 갑질이 난무하고
허공의 정적을 깨고 삿대질의 저 직유

진실은 그윽하게 향기를 뿜어내고
영화榮華에 부대끼며 새벽에 뒤축이고
겉도는 구구 팔십일 밝아오는 저 여명.

오래된 브레이크

이십년 훨씬 넘은 자동차 브레이크
헐거워 미끄럽게 밀릴 때 첫 느낌은
참 오래 몰고 다녀서 축 늘어져 버렸어

늘어진 브레이크 감으로 밟다보면
신발 끝 오는 전율 그 촉감 감지하며
맞닿은 변곡점에서 잘 구르기 유도해

사람의 나이도 연식이 오래되면
더러는 고장 나고 숨차서 버거운 법
가끔은 용해된 삶도 정제하며 다녀야.

그 사람

풀잎에 맺힌 이슬 햇살에 반짝이면
역류한 시간 공유 인생을 노래하다
그 사람 생각만하면 눈물 나게 그리워

산골을 가로질러 날아간 반딧불이
열정과 긍정 공유 미학을 노래하다
그 사람 그리워하면 눈물 나는 그리움

바위에 달라붙은 이끼가 곱게 피어
인연의 울안에서 자연을 노래하다
그 사람 떠올리다가 눈물 닦는 아쉬움.

내게 늘

내게 늘 항심으로 말씀을 주신 마음
오늘은 교훈처럼 마음의 텃밭 갈고
언제나 느리게 가는 그 방법에 노래해

내게 늘 존재하는 세상의 실존처럼
오늘은 새겨 두고 실행의 고랑 짓고
언제나 더디게 가는 그 방법을 암송해

내게 늘 부딪히는 옷깃의 모서리에
오늘은 한숨 삼켜 가져 본 여유 틈새
언제나 여유로운 삶 그 방법을 알았네.

은행나무와 상비약

침엽수 은행나무 병드는 일 드물어
지난해 가을동안 여름에 노랗게 물든
그 나무 아래에 서서 살펴보는 이 한 때

겨울에 동결방지 쌓아 둔 염화칼슘
나무의 밑동으로 스며든 그 흔적을
치우고 몇 주 지나니 원상회복 되었다.

가끔은 살다보면 힘겨운 무게들이
나에게 엄습해와 괴로워 지칠 때에
곧바로 상비약 찾아 챙겨먹고 나을 일.

사람아

사람아, 눈이 시려 눈 감은 내 사람아
아침에 뜨는 햇살 이슬을 삼키고도
목마른 갈증에 갇혀 안달하는 사람아.

사람아, 목이 말라 입 닫은 내 사람아
정오의 정수리에 열기를 다 식히고
따가운 햇살에 갇혀 안달하는 사람아.

사람아, 가슴 아파 길 멈춘 내 사람아
저녁에 뜨는 별빛 달빛을 맞이해도
허전한 비움에 갇혀 안달하는 사람아.

인생人生

이제는 모두 지난 일들만 남았어라.
아무리 생각해도 못 잊어 아쉬운 일
하나 쯤 가슴에 안고 있는 일이 있지요.

주위를 돌아보면 모두가 하나 같이
힘들고 아픈 사연 이겨 낸 성숙함이
스스로 단련된 인내 희극처럼 보여요.

내 삶의 주인공은 당연히 나이므로
꿈에서 깨어나듯 마음을 활짝 열고
오로지 그 무엇 위해 고개 먼저 돌려요.

북데기와 노랑솔잎

망태기 한 개 메고 갈고리 손에 들고
인근의 민둥산에 나무를 하러 간 날
북데기 박박 긁다가 눈에 튀어 비볐지.

망태기 접어들고 갈고리 손에 쥐고
재 너머 잔솔밭에 나무를 하러 간 날
솔잎을 긁어모으다 손이 시려 울었지.

가만히 바라보면 보리밥 풀 북데기
곰곰이 생각하면 흰쌀밥 노랑솔잎
아득한 내 유년의 뜰 먹는 걸로 갇혔다.

연서戀書

가을에 늦은 가을 찬란한 단풍 질 때
우리는 성깔대로 불타는 가슴 태워
저절로 환희 감탄에 환호성을 지른다.

보시라 노랑원색 보시라 빨강원색
때로는 서리 맞은 희나리도 보시라
한자리 섭씨 기온에 곤두박고 날린다.

어쩌다 긴 복도의 사무실 문턱까지
다다른 낙엽 위로 햇살은 어룽대고
무심코 외면해 버린 연서戀書 한 장 보인다.

소방안전관리자

1년을 하루같이 화재를 예방하면
어느 날 위급상황 갑자기 다가와도
매뉴얼 침착한 행동 지켜지는 불조심

예방이 최선이란 명심할 유비무환
실천을 발판으로 노력을 다해보면
갑자기 상황 닥쳐도 의연해진 파수꾼

화재의 급격확산 수많은 인명피해
지난 날 대참사들 모두 다 끌어와서
위기에 귀중한 생명 구조하는 불사조.

* 소방안전관리자(消防安全管理者) : 소방계획수립, 소방안전교육, 소방대상물을 관리 및 유지 보수를 주 업무로 한다.

소방경종

수신기 상자에서, 건물의 내벽에서
경종이 울리는 건 정말로 예사론 일
방심은 금물이라는 화재상황 명심해

경종이 울릴 때는 일단은 화재 의심
설마로 접지 말고 분명히 현장 확인
양치기 소년 믿으면 화재상황 못 막아

감지기 축적상태 판단해 봐야할 일
수신기 연동사항 기본이 차고 넘쳐
생활화 소방시설물 관리유지 잘 해야.

* 소방경종(消防警鐘) : 화재 등 위급한 일이나 사태를 알리는, 종이나 사이렌 등의 신호 따위를 말한다.

소방유도등

가슴이 답답할 때 마음의 한곳쯤은
여유로 쉼표 찍고 유도등 달아봐요.
혹여나 아실런지요? 위급상황 탈출구

머리가 복잡할 때 머릿속 한곳쯤에
잠간만 눈을 감고 유도등 달아봐요.
어쩌나 알 수 없지요, 위급상황 대피소

손발이 저려올 때 손 발등 한곳쯤은
거닐다 쉬엄쉬엄 유도등 바라봐요.
아마도 맞을 거예요, 위급상황 안전선.

* 소방유도등(消防誘導燈) : 비상구의 위치를 알려주는 공공시설(건물, 항공기, 선박 등)의 설치된 장치를 말한다.

소방펌프

무서리 된서리가 영롱한 이른 아침
이제는 수은주도 영상의 최하위 점
아직도 소방펌프는 준비된 채 서있어

서리가 증발할 때 수증기 모락모락
가슴은 차가운데 등 뒤에 흘리는 땀
눈앞의 소방펌프는 숨차게도 서있어

무시로 불어대는 비바람 예비하며
계절을 잊은 채로 언제나 감사마음
언제나 소방펌프의 스위치는 오토로.

* 소방펌프(消防pump) : 불을 끄는 데 쓰는 펌프. 여러 가지 종류의 펌프가 있다.

소화기

내 나이 따라오는 언어와 행동에서
자신감 없어질 때 건물 안 자리를 한
소화기 한 개를 품은 팔운동을 해보고

한 달에 한두 번쯤 외관을 바라보면
불현듯 스쳐 지난 내 모습 얼비치다
소화기 한 개를 들고 눈 맞추며 서있고

내 지금 머문 자리 119가 있다는 건
위안의 행복이며 마음의 평화으뜸
소화기 한 개를 들면 내 눈앞이 소방서.

* 소화기(消火器) : 불을 끄는 기구. 용도에 따라 분말, 이산화탄소, 할로겐 등 여러 가지가 있다.

분말소화기 폐기

소화기 구입 년도 정해진 법령 앞에
멀쩡한 소화기가 수없이 폐기 된다.
여태껏 제자리 못한 긴 세월이 그리워

화재 시 초기진압 단연코 으뜸인데
평상 시 한눈팔면 당황은 당연하다.
소방차 한 대 그 이상 위력발휘 하는 걸

불 진압 용감한 일 자긍심 굳건하면
유사 시 불 끌 수 있는 자긍심 솟아올라
오늘은 분말소화기 폐기하는 날이네.

* 분말 소화기(粉末消火器) : 제조일자 10년이 지난 분말소화기는 교체 또는 성능 검사를 받아야 한다.

비상문개폐장치

갑자기 발생할지 모르는 화재 사고
평소에 닫혔다가 화재 시 열며 탈출
이 같은 비상구 개폐 관리유지 잘해야

불특정 다수 지역 그 연유 들어보면
보안상 문제 지역 그 이유 가지가지
그러나 안전사고는 결코 무시 없어야

화재를 인지하고 문 개방 하는 장치
언제나 제 기능을 충분히 발휘하게
모두다 관심을 갖고 사용방법 익혀야.

* 비상문개폐장치(非常門開閉裝置) : 화재 등이 발생했을 시 여닫을 수 있도록 장치한 설비 등.

소방사이렌

사이렌 울리던 날 차창에 젖은 비에
우울한 마음 갈피 그조차 버거울 때
십 문 오 새 신을 신고 하늘높이 뛰었네.

사이렌 파장으로 빨려 든 순간에는
비 젖은 배꽃나무 가지가 휘어지듯
시간은 마음의 뜰에 산책하며 걸었네.

사이렌 지난 침묵 투명한 하늘 아래
두 볼에 걸려버린 일곱 빛 무지개는
수채화 얼룩진 꿈을 혼자 꾸고 있었네.

* 소방사이렌(消防siren) : 화재 및 구조 · 구급업무를 알리기 위한 음향장치다.

단독 경보형 감지기

해마다 발생하는 화재의 통계 중에
주택에 일어나는 퍼센트 65 정도
단독 경보형 감지기 보급하면 급강하

방마다 한 개씩을 간단히 부착하여
예고도 없는 화재 대비에 유비무환
주택에 화재 발생률 끌어내려 가야 해.

나 홀로 독거노인 노약자 모두에게
화재 시 경보 울려 밖으로 탈출하게
단독 경보형 감지기 부착하여 안전을.

* 단독 경보형감지기(單獨 警報型感知器): 상황을 감지하여 대피가 능토록 경보를 발하는 소방시설을 말한다.

화재경보음

화재로 경보음이 울렸다 야단법석
구획된 방화셔터 옆에서 오작동한
감지기 화재경보음 이상으로 보냈다.

타워링 영화에서 우리는 아주 놀라
소방서 긴급구조 119 의미 앞에
낯익은 화재경보음 오늘 따라 낯설다.

열 연기 축적으로 감지기 신호 따라
울리는 경종 앞에 긴장이 겹겹 쌓여
괜스레 화재경보음 방언으로 들린다.

* 화재경보음(火災警報音) : 화재 시 경보가 울리나 습기 누수 등 오보로 울릴 때도 있다.

눈망울

가을비 하염없이 내리는 농막에서
우수수 지는 낙엽 쌓여만 가는 하오
저 멀리 시야 벗어나 초점 잃은 눈망울

무서리 된서리에 독주한 차가운 비
가을꽃 희나리로 메말라 가는 하오
희미한 형체들 안에 휘날리는 눈망울

묵시록 조망처럼 산하는 싸늘하고
알토란 닮은 서정 바라본 눈 앞 하오
애절한 시간 분절음 맞이하는 눈망울.

기본덕목基本德目

곳간에 쌓은 양식 부패가 될 뿐인데
곳간 문 활짝 열고 비워서 채워보자.
비워서 새로운 양식 채워가며 잘 살자.

살면서 축적해 온 지식도 쌓아 두면
양들의 침묵되어 아무런 소용없다.
오로지 지식을 옮겨 옳은 행동 해보자.

기미년 삼일운동 백주년 맞이하여
우리는 가슴마다 정의가 바로 서게
한 결로 비움 행동의 기본덕목 갖추자.

재난災難이미지

1.
화염의 불길 속에 엇갈린 이승저승
가슴에 미어지는 탄식의 곡哭소리에
애간장 오그라들어 슬픔으로 고였다.

순간에 휘감아 돈 불길 속 위험에도
두려운 극한상황 자신을 내 던져서
고귀한 목숨 구하러 불길 속을 뛰었다.

이승과 저승 간극 눈 깜빡 사이지만
허무한 잔해 속에 소진된 심신체력
거룩한 희생의 표상 영웅처럼 빛났다.

2.
생존의 소방훈련 반복해 하는 일은
화재 시 현장에서 신속한 대응으로
소중한 생명재산을 보호함이 그 목적

정해진 훈련의 날 화재 시 대피요령
소화기 사용방법 소화전 사용요령
대피와 소화방법을 병행하여 실시해

훈련의 땀 한 방울 흘리는 그 의미는
화재 시 피 한 방울 예방의 바로미터
평소에 유비무환을 다짐하며 행할 일.

3.
느슨한 방심에서 솟구친 화염 앞에
긴장의 끈을 쥐고 온힘을 다 모아서
소화로 연소 저지에 진압대원 되었다.

예기치 못한 상황 일어난 재난 앞에
평소에 연마해온 구조기법 응용하여
구조로 목숨 살리는 구조대원 되었다.

촌각을 다투는 일 응급의 환자 앞에
지극한 마음으로 정성을 쏟아 부어
위급한 생명 구하는 구급대원 되었다.

장독대

댓돌 위 장독대에 저마다 고운 형상
항아리 형제들이 의좋게 모여 있다.
한 그릇 정한 수 올린 지극정성 스몄다.

장 담는 소금물에 생달걀 띄워보면
동전의 크기만큼 보이면 정량이다.
하늘과 땅 해와 달 물 우주섭리 담겼다.

경건한 장독대에 어리는 삶의 지혜
은근의 기다림에 일용의 반찬 창고
봄비가 초강 때려도 변함없이 서있다.

바위 이끼의 추억

건 바위 구메구메 돋아 난 푸른 이끼
내 유년 까까머리 솟아 난 버짐 닮아
돌아가 보고 싶어도 주저하고 말았다.

습 바위 얼기설기 뒤엉킨 푸른 이끼
내 유년 가시덤불 찔레 순 꺾다 놀란
음습한 산기운 생각 움찔하고 말았다.

물 바위 다닥다닥 촘촘한 푸른 이끼
내 유년 멱을 감다 넘어져 이마 다친
아직도 그 기억 남아 망설이고 말았다.

숲 속에서

숲 속에 버섯향기 심취한 그런 날은
언제나 너그럽게 인자한 노인처럼
긍정의 내 빈 가슴에 찾아오는 평온함

농기구 정리하고 손 털고 쉬다보면
날마다 부족함이 평안을 공양하고
투명한 내 걸음걸이 갈지자를 닮은 꼴

산 계곡 수풀 사이 햇살은 숨 가쁘고
언제나 상생하는 자연의 교훈 여백
경이론 내 안목으로 다가오는 한가함.

삶의 교본

진정한 효용가치 보람된 삶의 활동
오늘을 고민하는 실마리 공통과제
생활에 조금 쓰는 일 그 하나면 충분해

해온 일 내려놓기 쉬운 일 아니지만
태어 난 요람에서 영원한 영면까지
모두 다 남은 것 두고 빈손으로 가는 걸.

같이 가 함께하는 더불어 사는 인생
나보다 더 힘겨운 사람들 보게 되면
우리는 동행하는 일 주저 말고 옮기자.

선우 씨

비산동 내리 3대 살아온 선우 씨는
육십년 장돌뱅이 형편이 영 아니다
평일은 말할 것 없이 장날에도 늘 빈손

건어물 다룰 때에 재고는 잘 안 나도
채소류 생선 팔 때 뒤로는 항상 밑져
잘해야 본전 한다며 껄껄 웃음 일상 일

오늘도 기력 다한 트럭에 몸을 얹고
지난 밤 앓은 감기 온몸은 천근만근
그래도 처자들 먹여 살리려고 길 떠나

한평생 사는 동안 생활을 시계추에
힘겹게 올려놓고 무겁게 살아가는
선우 씨 등 뒤의 땀이 모락모락 피올라.

말하자

먼 훗날 아주 먼 날 내 생애 다하는 날
보고파 애간장을 녹일 듯 남을 너와
함께한 생의 좋은 날 행복했다 말하자

마음에 담아둔 일 말끔히 지운 후에
끝없는 영육간의 다름을 인식하고
애틋한 추억 머문 삶 즐거웠다 말하자

희망을 간직해온 슬픔을 조각하여
비워서 더욱 빛난 진실을 가슴 안고
허공에 빛나는 큰 별 사랑했다 말하자.

마곡사

태화산 마곡사는 형세론 태극 지형
중수와 개보수로 시대의 흔적 남아
유구한 전통사찰로 오늘날에 이렀고

경내에 풍경소리 수많은 세월 동안
사람들 도량으로 자리한 문화유산
빛나는 보물 문화재 아름답게 빛나고

요사채 뒷마당에 화사한 산유화는
만남을 못 이루고 돌이 된 인연처럼
바람을 확 끌어안고 어찌할 줄 모르네.

* 마곡사(麻谷寺) : 공주시 사곡면에 소재하고 있으며, 2018. 6. 30. 세계문화유산으로 등재되었다.

그리운 어머니

1.
호미를 밭고랑에 내리고 젖을 물린
울 엄마 그 젊은 날 아련히 출렁이고
감나무 기둥에 붙은 매미소리 요란해

소쩍새 우는 소리 밤하늘 우렁차면
모깃불 피어나는 마당에 떨어지는
별똥별 빗금 아래에 밀려드는 그 아픔

풀벌레 우는 소리 산하에 가득할 때
섬돌에 하나 둘씩 모여든 신발짝에
뛰어 든 귀뚜라미 톡톡 튀는 그 소리.

2.
이따금 그리움이 솟구쳐 전율일 때
살며시 다가가서 엎드려 읍소해도
한 치도 못 미치지만 당신 곁이 온유해

허허한 바람소리 밭고랑 내달려도
한 생에 지은 죄에 내 가슴 미어지고
아직도 청개구리로 숨죽이며 눈을 떠

거울을 바라보며 마음을 닦아 봐도
지금에 막 흐르는 눈물이 닭똥 같아
미련한 그리움 곁에 멈추지를 못했다.

3.
내 생에 애타게도 어머니 그리운 날
봄여름 가을 겨울 초목의 변화처럼
어머니 그리운 모습 수채화로 보여요

흙 갈 때 퍼져가는 그 향기 같은 말씀
굽이 친 도랑물에 보낼 수 없지마는
여울목 버들잎 피워 쉼표 한개 놓아요.

눈물은 강이 되다 메마른 천수답에
하나도 흔적 없이 증발해 버렸어도
아직도 현재진행형 인연因緣으로 버텨요.

4.

차가운 동지섣달 삭풍이 불어오면
산하에 차가워서 영하는 지속되고
어머니 그리워 울다 지쳐버린 생신날

어머니 쓰신 글씨 산화가 되어가도
그리워 기약 없이 옛 생각 폴폴 날려
기와집 처마 끝에서 설레발친 고드름

해마다 정월 되면 불현 듯 솟구치는
가슴속 아린 상처 유전자 복제하듯
먹먹한 내 가슴에도 돌로 남는 어머니.

그리운 아버지

1.
울먹한 가슴으로 하루를 조율하면
한동안 가라앉은 마음에 도진 사랑
아직도 아버지 생각 수 없이도 일어 나

오늘은 웬일인지 아버지 향한 발길
눈물로 보낸 세월 오래된 기억 안에
생경한 아버지 모습 예전처럼 떠올라

난사랑 변함없이 절절한 얘기 속에
아직도 내 마음에 자리한 화음처럼
그토록 위엄의 음성 한결같이 들려와.

2.
흙에 나 사신 일생 숙명의 업보처럼
농사일 뼈 빠지게 하시다 가신 흔적
애절한 사부곡 연가 아버지의 그 노래

먼동이 트일 때쯤 논밭에 나가시고
어둠이 밀려오면 집으로 돌아 오신
아버지 힘겨운 삶의 속눈썹이 커 보여

눈앞의 산천초목 모두가 메마르고
골짜기 정적들이 운무雲霧로 가려질 때
아버지 그리워하다 허전한 맘 흔들려.

3.
그리운 내 고향에 영원히 영면하신
아버지 떠올리면 삶이란 초로같이
머물다 가는 순간들 아무 것도 못했고

눈 들어 바라보는 아버지 묘원에서
어렵게 태어나서 힘들게 살았다는
묘비명 가슴 타는 일 눈시울을 붉혔고

세월은 흘러가도 내 사는 동안에는
내 심신 상해가도 정신이 사는 동안
끝까지 잊지 않으려 마음으로 다졌다.

4.

움켜진 손 모래가 영원을 못 지키고
사르르 빠져나간 불효의 지난날들
엎드려 울어 보아도 소용없는 지난일

홍건이 젖은 옷에 오남매 밥줄 잇고
오로지 땀 흘리며 한 생애 살아오신
두고 간 애닯은 삶은 정한情恨으로 남았다.

이승에 사는 동안 뉘우쳐 쌓인 사연
눈시울 붉혀지고 후회는 산과 같아
아궁이 군불 지피신 그 모습만 멈췄다.

새해에는 더 큰 축복을

– 2018년 새해 아침

서설 위 굴러가다 멈춰 선 설시처럼
피부에 스며드는 차디찬 겨울바람
새해는 더 노력 각오 믿음으로 다짐을

따뜻한 말 한마디 생활에 고운 눈길
마음에 못 전해진 외로운 쓸쓸함들
새해는 더 반성 다짐 소망으로 성찰을

처음에 다진 각오 야무짐 마음으로
정성을 다하여서 계획을 실행하면
새해는 더 용기 가져 사랑으로 실현해

어제와 다름없는 오늘이 다가와도
곳간을 비운 채로 여유를 가지면서
새해를 맞이하면서 믿음으로 각오를

미련이 눈 비 되어 무수히 내려 와도
미루어 밀친 일이 생각에 틈 보여도
새해를 맞이하면서 소망으로 전개를

그대가 떠나간 뒤 외로움 연거푸게
산하에 떠다니고 찬바람 여전해도
새해를 끌어안으며 사랑으로 배려해

견딜 수 없는 무게 처음의 달력 한 장
한 해가 시작하는 새로운 기대 앞에
새해가 언뜻 다가와 믿음 악수 청하고

살다가 누군가에 상처를 주지 말고
아량의 지평 넓혀 자중을 하다보면
새해가 센 마음처럼 소망처럼 빛이 나

새 각오 가슴 안에 자리한 심지처럼
굳세고 옹골차게 한 길을 걷다보면
새해가 해맞이 같이 사랑으로 다가 와.

* 9연 시조.

♣ 지은이 한정찬 시인 약력

1988년 [한줄기 바람(대일출판사)] 시집을 발간했으며, 1991년 [신지성시] 신인상 당선(심사위원장 황명 시인, 심사위원 김석규 시인, 나태주 시인) · 2015년 [공무원문학] 신인상 당선(심사위원장 김기원 시조시인, 심사위원 서병순 시조시인)되었다.

녹조근정훈장(대통령), 근정포장(대통령), 장관표창 5회, 청장표창, 도지사표창, 도지사감사패, 소방문화상, 소방문학대상, 옥로문학상, 충남펜문학대상, 충남문학대상, 충남문학발전대상, 동인지문학상, 농촌문학상, 국무총리상, 도지사상 2회 등을 수상하였다.

한정찬의 헌시(獻詩) 〈숭고한 사랑〉이 중앙소방학교 소방충혼탑에 새겨져있다.

1988년 첫 시집 『한 줄기 바람』, 1991년 『불 꿈』, 1992년 『불문의 시』, 1993년 『계절의 끄나풀을 풀어 헤집고』, 1993년 『생활이야기 동행』, 1994년 『그리움은 언제나 꽃이 되고 별이 되어』, 1995년 『창가에 부는 바람』, 1996년 『기다림을 아는 자의 노래』, 1997년 『탑의 언어』, 1999년 『사랑의 이름으로』, 1999년 『처용이 사는 곳』, 2002년 『한정찬 제1시전집』, 2002년 『한정찬 제2시전집』, 2008년 『그대 가슴에 노을 진 강가에 서서』, 2010년 『겨울나무야, 겨울나무야』, 2012년 『세상사는 일 감동스러움은 드물지만』, 2015년 『내가 살아오는 동안에』, 2015년 『세월에게 길을 묻고 그 답을 찾다』, 2015년 『한 길을 걷고, 또 한 길을 걸어』, 2015년 『반중 조홍감이』, 2016년 『생각하면 그리운 사람, 부르면 눈물 나는 사람』, 2016년 『이순역을 지나며』, 2017년 『익숙한 들뜸에서 설레임은 일어난다』, 2019년 『참살이』 등을 출간하였다.

문학 활동으로 한국문인협회 천안지부장 등을 역임했으며, 현재 한국문인협회 회원, 국제펜한국본부 회원, 한국시조시인협회 회원 외 여러 문학단체 회원 및 〈월간 소방문학〉 대표로 있다.

참살이

한정찬 제22시집

발 행 일 | 2019년 5월 8일
지 은 이 | 한정찬
발 행 인 | 李憲錫
발 행 처 | 오늘의문학사
출판등록 | 제55호(1993년 6월 23일)
주 소 | 대전광역시 동구 대전로867번길 52(한밭오피스텔 401호)
전화번호 | (042)624-2980
팩시밀리 | (042)628-2983
전자우편 | hs2980@hanmail.net
카 페 | cafe.daum.net/gljang(문학사랑 글짱들)
cafe.daum.net/art-i-ma(아트매거진)

공 급 처 | 한국출판협동조합
주문전화 | (070)7119-1752
팩시밀리 | (031)944-8234~6

ISBN 978-89-5669-998-1
값 10,000원

* 이 도서의 국립중앙도서관 출판예정도서목록(CIP)은
서지정보유통지원시스템 홈페이지(http://seoji.nl.go.kr)와
국가자료종합목록시스템(http://www.nl.go.kr/kolisnet)에서 이용하실 수 있습니다.
(CIP제어번호 : CIP2019013908)